W0081342

Paciencia...

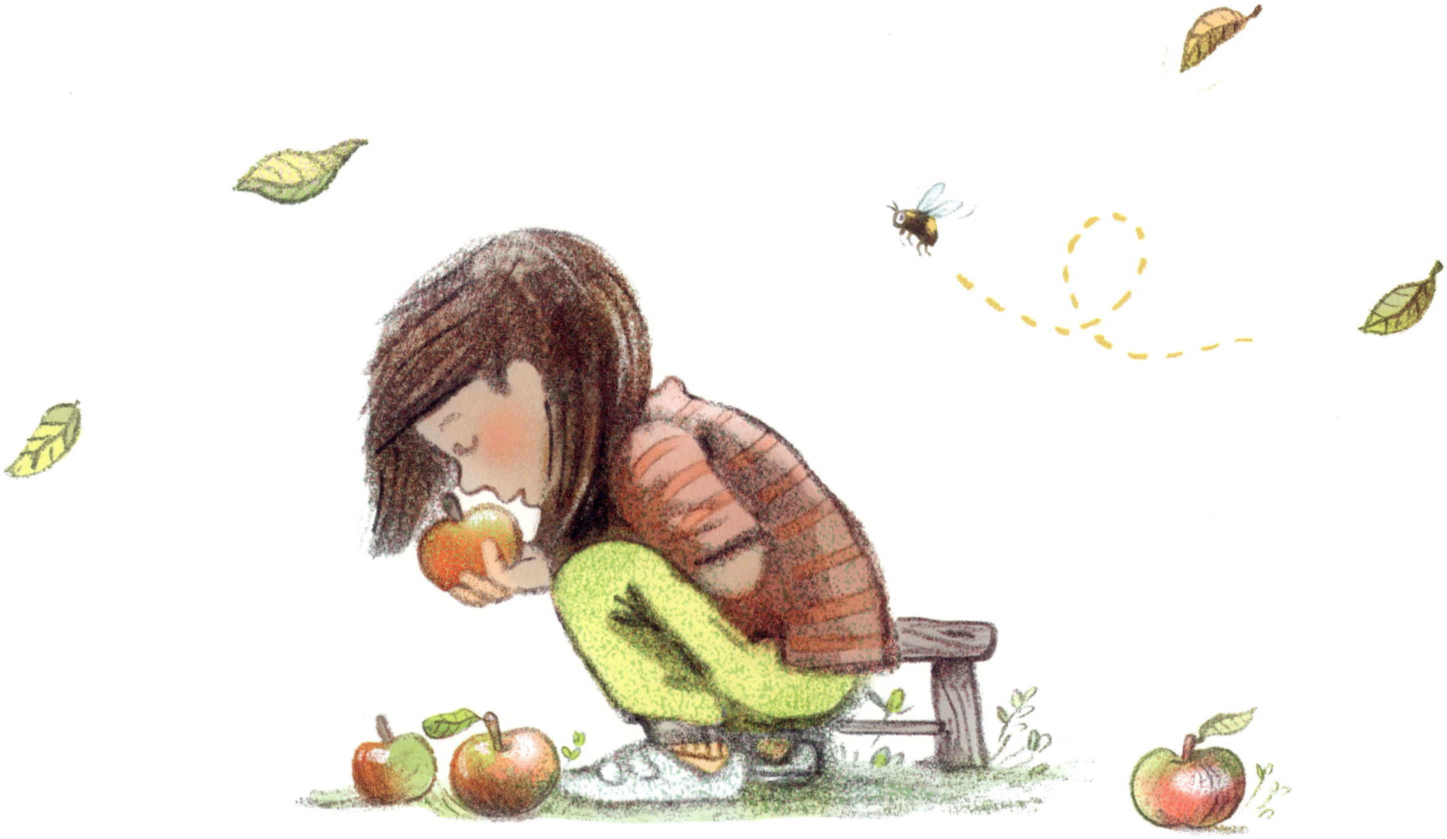

Rachel Williams

Leonie Lord

¿POR QUÉ ESPERAR?

La palabra PACIENCIA proviene del latín *patientia* y significa 'soportar' o 'esperar'. Es algo que practicamos cuando nos paramos a pensar en el transcurso de la vida. Hay cosas que ocurren en un día, en un año o en cien, aunque a veces tengamos la sensación de que pasa mucho más tiempo...

¿YA HEMOS LLEGADO?

¿CUÁNDO NACERÁ EL BEBÉ?

¿CUÁNTOS DÍAS FALTAN PARA NAVIDAD?

¿CUÁNDO SERÉ MÁS ALTA?

¿CUÁNTO FALTA PARA EL CUMPLEAÑOS DEL ABUELO?

¿ES LA HORA DE CENAR?

En la vida, es fundamental tener PACIENCIA cuando estamos esperando que ocurran cosas importantes.

Vivimos rodeados de tecnología, y por ello es natural querer tener todas las respuestas al instante y que las cosas sucedan *de inmediato*. Sin embargo, es importante disfrutar del momento presente y dejar espacio a la curiosidad.

Este libro es un antídoto contra la inmediatez del mundo en el que vivimos. También es un recordatorio de que algunas de las cosas más mágicas de la vida, como el latido de tu corazón o el crecimiento de toda una selva, llevan su tiempo, y son MARAVILLOSAS.

CONTENIDOS

2
1
2
3
4
5

EN UN MINUTO

Tu corazón late entre 60 y 100 veces.

Ponte la mano en el pecho. ¿Puedes sentirlo? *Bum-bum, bum-bum, bum-bum...* ¡es el latido de tu corazón! Está trabajando duro, bombeando sangre por todo tu cuerpo y asegurándose de que recibes el oxígeno y los nutrientes que necesitas para sobrevivir.

En tan solo un minuto, la sangre circula por todo el cuerpo mientras que en un solo un día, ¡tu corazón puede llegar a latir hasta 100 000 veces! Y late incluso más rápido cuando eres joven y te pasas el día corriendo de un lado a otro. No importa si estás jugando o descansando, despierto o dormido, tu corazón siempre está ocupado latiendo. *Bum-bum, bum-bum, bum-bum...*

En cada momento de tu vida, el corazón está latiendo y latiendo...

... mientras bombea sangre a todas las partes de tu cuerpo.

UN MINUTO LATIDO a LATIDO

Cuando estás en movimiento, tu corazón late más rápido para llevar la sangre a los músculos, pues necesitan oxígeno y nutrientes para funcionar.

Cada vez que saltas, tu corazón primero se contrae, y luego se relaja, haciendo así que la sangre corra por tu cuerpo hasta llegar a tus extremidades y a tu cerebro. Este proceso se llama CIRCULACIÓN.

Cuando respiras, tus pulmones se llenan de oxígeno... ¡y tu corazón sigue LATIENDO!

La sangre, que transporta el oxígeno de tus pulmones, entra por el lado izquierdo del corazón a través de la VENA PULMONAR. Cuando tu corazón late, la sangre pasa por la VÁLVULA AORTA y se dirige a los VASOS SANGUÍNEOS.

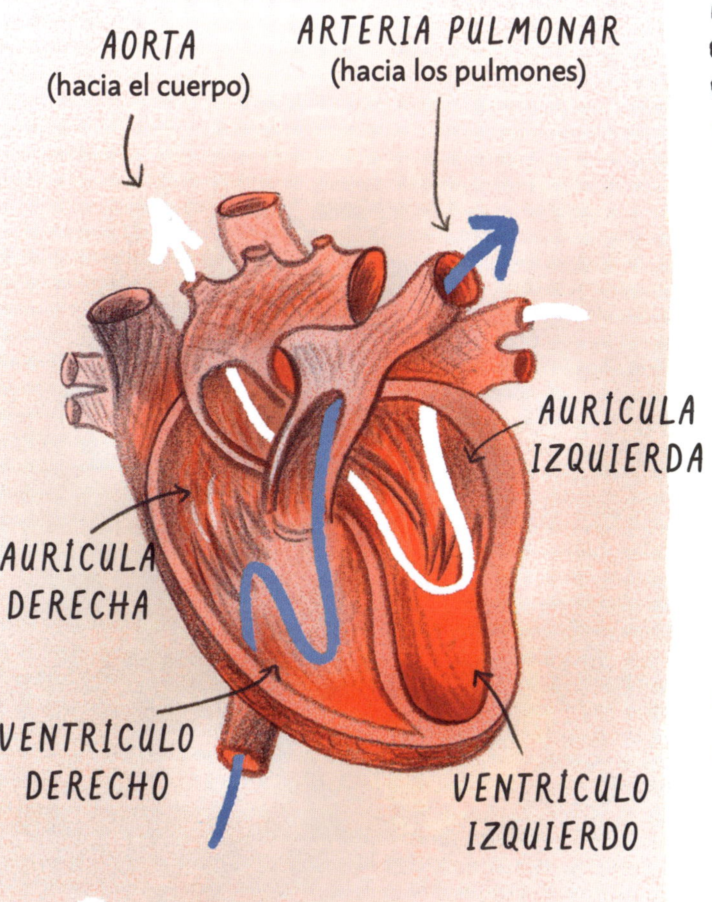

Una vez que tu cuerpo ha usado todo el oxígeno que necesita, la sangre vuelve al corazón, esta vez por el lado derecho. Necesita oxígeno fresco, por lo que pasa por la ARTERIA PULMONAR para llegar a tus pulmones y volver a empezar el ciclo de nuevo.

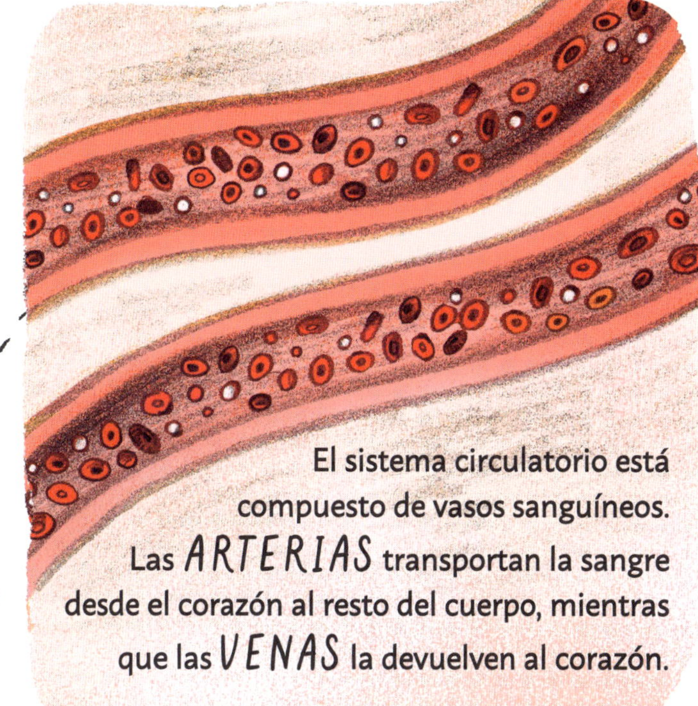

El sistema circulatorio está compuesto de vasos sanguíneos. Las ARTERIAS transportan la sangre desde el corazón al resto del cuerpo, mientras que las VENAS la devuelven al corazón.

Tu corazón late más de cien veces en un minuto mientras te diviertes saltando a la comba. ¡Uf!

Existen cuatro cavidades en tu corazón: los VENTRÍCULOS DERECHO e IZQUIERDO en la parte inferior, y las AURÍCULAS DERECHA e IZQUIERDA en la parte superior.

EN OCHO MINUTOS

La luz del Sol llega a la Tierra

En ocho minutos puedes hacer muchas cosas: prepararte unas tostadas, hervir unos espaguetis... Ese es el tiempo que tarda la luz del Sol en llegar a la Tierra. Antes de que podamos verla, hace un recorrido por el espacio de nada más y nada menos que unos 150 millones de kilómetros de distancia.

En el centro de nuestro sistema solar se encuentra el Sol, la estrella más cercana a nuestro planeta. Esta esfera gigante de gases brillantes proporciona luz, calor y energía a todos los organismos vivos de la Tierra, lo que nos ayuda a mantenernos sanos y felices. Sin el Sol, ¡no existiríamos!

La luz inicia su viaje desde el Sol...

... ¡y llega a la Tierra en forma de rayo!

OCHO MINUTOS *hasta* LA LUZ

A millones de kilómetros de distancia del Sol, se está disputando un partido de fútbol.

Mientras los jugadores corren por el campo, en el núcleo del Sol se produce una reacción energética especial: se crean FOTONES.

Estos paquetitos de energía salen de la superficie del Sol y rebotan contra los ELECTRONES, moviéndose de un lado a otro, como cuando los jugadores de fútbol se pasan el balón en el césped.

Estos fotones, moviéndose a la velocidad de la luz, emprenden un viaje a través del espacio hasta la Tierra en forma de ONDAS ELECTROMAGNÉTICAS. A medida que pierden energía se van haciendo visibles.

Del mismo modo que los jugadores esquivan con velocidad a sus oponentes para correr hacia la portería, los fotones evitan las galaxias, satélites y desechos espaciales que se cruzan en su camino a la ATMÓSFERA TERRESTRE.

¡La LUZ viaja a una velocidad de 300 000 kilómetros por segundo! No hay nada en el universo que se mueva tan rápido.

Ocho minutos más tarde, la multitud ve cómo los fotones impactan en el campo de fútbol, enviando señales a todos los seres vivos de la Tierra de que hay luz. Y poco después, ¡marcan un GOL!

EN UNA HORA

Una lechuza caza a su presa

El viento susurra entre los árboles en una cálida noche de verano. De repente, desde las ramas de un alto roble, una lechuza marrón y blanca se lanza en picado hacia el poste de una cerca. Aterriza sin hacer ruido. Como siempre, ha esperado a que anocheciera para salir de caza...

Cada noche, la lechuza sobrevuela durante al menos una hora los campos, donde las posibilidades de atrapar a sus presas es mayor. Para lograr su objetivo cuenta con un oído muy agudo y una excelente visión. Su rostro en forma de corazón capta hasta el más mínimo sonido, y lo dirige a los oídos internos, situados justo detrás de sus grandes ojos.

Al caer la noche, empieza la caza.

UNA HORA DE CAZA

Cuando empieza a oscurecer, un campañol hambriento corre por la gran pradera silvestre.

Es tan rápido y pequeño que cuesta verlo salir de su madriguera. Pero muy por encima, la LECHUZA vuela rastreando el suelo en busca de su cena.

Es una noche silenciosa, perfecta para escuchar hasta el más leve chirrido o susurro. La lechuza vuela de un lado a otro durante una hora, INSPECCIONANDO el terreno en busca de pequeños mamíferos: ratones, ratas, musarañas o topillos.

Sigue oscureciendo, aunque la falta de luz no supone un problema para la lechuza, que ahora está SOBREVOLANDO una parcela de terreno. De pronto, se queda inmóvil: es como si se hubiese congelado en pleno vuelo. ¡Ha visto al CAMPAÑOL! Le sigue la pista. Necesita tener paciencia...
Despliega sus imponentes alas y se LANZA EN PICADO hasta aterrizar en el suelo sin apenas hacer ruido, con sus garras preparadas. Entonces, por sorpresa, agarra al campañol, al cual le resulta imposible escapar ante tanta velocidad y precisión.
Ya entrada la noche, con la presa entre sus garras, la lechuza se retira a disfrutar de su manjar.
Las LECHUZAS dividen el terreno en secciones y las inspeccionan una a una durante una hora para localizar y atrapar a su presa.

EN UNA NOCHE

La Luna sale y se pone

Cae la noche y la Luna se eleva en el cielo. A medida que pasan las horas, vemos una brillante esfera moviéndose sin parar, hasta que justo antes del amanecer, vuelve a esconderse...

Cada noche, la Luna, el único satélite natural de la Tierra, gira a su alrededor y brilla intensamente al reflejar la luz solar. Y aunque parezca que desaparece durante un par de noches cada mes, en realidad sigue ahí. Se va a «dormir» y se «levanta» por la mañana, preparada para brillar, ¡como tú!

Desde que la Luna sale...

... hasta que se pone.

UNA NOCHE *en la* VIDA *de* LA LUNA

Al caer la noche, la Luna emprende un viaje mágico...

Cuando llega la hora de dormir, una intensa y blanca luz procedente del cielo entra por la ventana de tu cuarto. Es esa noche del mes en la que sale ¡la LUNA LLENA!

La LUNA se eleva ligeramente por encima de la Tierra. A medida que lo hace, se torna de color naranja e ilumina el cielo nocturno. Mientras tanto, tus párpados se cierran lentamente...

Ya estás sumido en un sueño profundo y es entonces cuando la Luna traza un arco en el cielo. A simple vista parece que está brillando allí arriba, pero en realidad está REFLEJANDO diferentes cantidades de luz solar mientras orbita alrededor de la Tierra.

De una noche a otra, la Luna parece cambiar de forma: pasa de ser una delgada línea PLATEADA a convertirse en MEDIA LUNA y, finalmente, en una ESFERA. Sin embargo, no está cambiando de forma; es solo nuestra percepción de ella la que va cambiando en el transcurso de 27,3 días, que es el tiempo que tarda en orbitar alrededor de la Tierra.

La SALIDA DE LA LUNA es el momento en el que su parte superior se asoma por el horizonte, mientras que la PUESTA DE LA LUNA es cuando desciende hasta desaparecer tras él. ¡Esto sucede todas las noches del año!

Por último, la Luna desciende hacia el HORIZONTE. Allí se pone hasta desaparecer. Poco después, amanece un nuevo día.

EN UN DÍA

Una libélula se prepara para volar

Después de una larga y calurosa mañana, a primera hora de la tarde, hay alguien muy activo a orillas del río. Un pequeño insecto se mueve de un lado a otro a toda velocidad. Puedes verlo posado sobre una caña, con su elegante cuerpo a rayas negras y amarillas: ¡es una libélula tigre!

Al igual que el resto de especies de libélula, la libélula tigre emerge de un huevo depositado cerca del agua o en su superficie. En su etapa de ninfa, permanece sumergida, atiborrándose de renacuajos, pequeños peces y otros insectos. Cuando ya casi ha crecido por completo, se prepara para salir a la superficie, donde pasa las últimas semanas de su vida sobre el agua.

¡Las pequeñas alas crecen...

... hasta hacerse grandes!

UN DÍA a la ORILLA del RÍO

Entre la hierba alta, hay un sendero muy transitado que conduce a un lugar tranquilo en la RIBERA DEL RÍO. Se oye el suave sonido de la brisa acariciando los juncos; y en el agua clara y brillante, unos pequeños peces se mueven sobre los guijarros.

Hay una pequeña NINFA descansando sobre una caña. Ha pasado la noche entrando y saliendo del agua en búsqueda del lugar perfecto para comenzar su TRANSFORMACIÓN.

La ninfa comienza a mudar su capa exterior. Su EXOESQUELETO se abre y un nuevo cuerpo queda expuesto. Se enrosca hacia atrás hasta quedar boca abajo, colgada de la caña por la punta de su abdomen. Tú estás tan ocupado jugando en el agua que no ves la libélula que acaba de emerger en estas últimas etapas de la METAMORFÓSIS.

La libélula es una **ACRÓBATA VELOZ**. Puede lanzarse a volar en cualquier dirección y mantenerse suspendida en el aire. Además, puede alcanzar velocidades de hasta 56 kilómetros por hora.

La **LIBÉLULA TIGRE** espera pacientemente a que su cuerpo se seque y esté lo suficientemente estable para abrirse por completo. Acto seguido, ¡despliega cuatro alas perfectas!

Ahora ya casi está lista para emprender el vuelo. Cuando cae la noche, se queda suspendida en el aire por un momento antes de lanzarse a la aventura por primera vez...

EN DOCE DÍAS

Una mirla incuba sus huevos

La aparición de las flores y el canto de los pájaros anuncian la llegada de la primavera. Una pájara muy ruidosa lleva varios días construyendo un nido en un árbol. Revolotea de un lado a otro, recolectando hierba, agujas de pino y hojas frescas. El color negro de sus plumas capta la luz, haciendo que su cuerpo brille con destellos verdes y morados.

Ha construido cuidadosamente un nido seguro y acogedor para sus polluelos, que siguen resguardados dentro de los huevos. En los doce días siguientes, tendrá la responsabilidad de posarse sobre ellos para mantenerlos a la temperatura necesaria hasta que los polluelos estén listos para nacer. Entonces, su compañero la ayudará a alimentar a sus crías...

Construyendo un nido...

... ¡para formar una familia!

EL DÍA A DÍA *en el* NIDO...

Fuera, en el jardín, Mamá Mirla está terminando de construir la capa exterior de su nido, y ya solo le queda añadir un suave forro de plumas. Vuela de un lado a otro para asegurarse de que el nido está en el lugar adecuado.

Cuando regresa por la noche, se acomoda en el nido para poner cinco huevos azulados. Bajo el calor de su vientre, los EMBRIONES empiezan a desarrollarse.

Se levanta y mezcla los huevos para asegurarse de que todos ellos reciben su atención y una vez hecho esto, vuelve a sentarse para pasar la noche.

Por la mañana, Papá Mirlo vuelve al nido y le trae a mamá unas cuantas semillas y un jugoso gusano para comer.

Esta rutina continúa diez días más, hasta que las cáscaras de los huevos empiezan a agrietarse…

Peck, peck, peck… Las grietas se abren y… ¡aparecen unos piquitos!

Las cáscaras se rompen y emergen unos POLLUELOS sin plumas. De ahora en adelante, los padres tendrán que tenerlos bien alimentados y seguros hasta que estén lo suficientemente fuertes para volar del nido…

A los paseriformes, como los MIRLOS, también se les llama PÁJAROS CANTORES. Dentro del mundo de las aves, los paseriformes tienen el tiempo de incubación más corto (generalmente, de 10 a 15 días). Las gallinas incuban sus huevos durante 21 días, los patos durante 28, ¡mientras que los albatros pueden necesitar hasta 80 días!

EN DOS SEMANAS

Un dromedario cruza el desierto para beber agua

Ha llegado el fin de otro sofocante día en el desierto. Al ponerse el sol, en el horizonte aparece la oscura silueta de un dromedario que avanza muy lentamente entre las dunas. Le siguen otras siluetas de delgadas piernas, un largo cuello y una sola joroba, de más dromedarios que avanzan en fila india por el paisaje polvoriento.

Necesitan reponer sus reservas; el agua almacenada en su torrente sanguíneo se está agotando. Sedientos, paran a beber. ¡Cada uno de ellos puede llegar a ingerir más de 110 litros en tan solo 15 minutos! Ahora que están hidratados, pueden seguir su camino. Aunque no haya nada a su alrededor, saben que tienen todo lo que necesitan en su cuerpo hasta la próxima parada...

En el primer día, empieza la búsqueda de agua...

... hasta que la encuentran.

UN VIAJE DE DOS SEMANAS

El desierto empieza a iluminarse gracias a los primeros rayos del sol del amanecer. Una manada de dromedarios está descansando y bebiendo agua para poder enfrentarse a la larga caminata que les espera.

Como siempre antes de emprender su recorrido, alargan sus cuellos hacia el abrevadero, sumergen sus bocas y sorben grandes cantidades de agua.

Mientras el grupo, o caravana, de dromedarios bebe agua, la brisa arrastra la arena a la altura de sus ojos, protegidos por unas largas pestañas.

Tienen un grueso y duro pelaje que les ayuda a regular su temperatura corporal en condiciones extremas.
Los DROMEDARIOS no almacenan agua en su joroba, sino grasa, que convierten en energía y agua cuando la necesitan. De esta forma, tienen alimento en esos largos y calurosos viajes en los que no encuentran sustento por ningún lado.
Lentamente, a medida que los dromedarios se alejan, se puede ver cómo sus JOROBAS se mueven hacia arriba y hacia abajo, hasta desaparecer en el brumoso horizonte.
Seguirán su camino durante las próximas dos semanas hasta llegar al próximo abrevadero.

EN UN MES

La Luna completa un ciclo

En lo alto del cielo, 380 000 kilómetros por encima de nuestras cabezas, está la Luna, ese cuerpo brillante que nunca para a descansar. Orbita alrededor de la Tierra durante casi un mes, y parece como si se transformase a medida que se mueve: pasa de ser una delgada línea plateada a un óvalo brillante y, finalmente, se convierte en una enorme esfera. Luego desaparece, como si fuese un truco de magia. Regresa al mes siguiente para empezar el ciclo una vez más.

Esta noche, nuestra majestuosa Luna está preparada para volver a empezar su viaje y experimentar esas ocho fases en las que cambia de forma.

Comienza el ciclo lunar...

... y termina después de casi un mes.

UN MES CONTEMPLANDO LA LUNA

El cielo estaría completamente a oscuras esta noche de no ser por el manto de estrellas que lo ilumina. La Luna no se ve porque hay *LUNA NUEVA*. De pronto, una fina línea de luz aparece detrás de una nube: ¡parece que la Luna está *CRECIENDO*! Pero en realidad, es la luz solar que se refleja solo en parte de su superficie.

Al séptimo día de la Luna Nueva, la mitad de la superficie está iluminada: es la fase de *CUARTO CRECIENTE*. Si la observas detenidamente, verás otros indicios de ello, como manchas grises y blancas, que serían sus altas montañas y profundas llanuras.

Al décimo día, de noche se puede ver una forma ovalada en el cielo nocturno. Es la *LUNA GIBOSA CRECIENTE*, que irá creciendo hasta...

La Luna tarda 27,3 días en orbitar alrededor de la Tierra, pero como mientras tanto la Tierra también se mueve, sus ocho «fases» se completan en unos 29 días y medio, periodo que se denomina *MES LUNAR*.

... convertirse en LUNA LLENA, al decimocuarto día. Redonda y radiante, se llevará todo el protagonismo entre los puntitos de luz del firmamento. ¡Es una suerte presenciar un espectáculo así cada mes!

Tras estos dos días de emoción, la LUNA GIBOSA MENGUANTE se hace más pequeña cada día que pasa.

Al cabo de 22 días, la Luna estará en la fase de CUARTO MENGUANTE. ¡Parece un gajo de naranja! Con el paso de los días, la oscuridad va ocupando más y más superficie de la Luna...

En la vigésimo sexta noche, ya es una LUNA MENGUANTE. Tan solo una pequeña franja está iluminada. Y al cabo de veintinueve días y medio, de nuevo está completamente oscura. Ha vuelto a convertirse en LUNA NUEVA.

DURANTE MUCHOS MESES

Una hormiga de miel almacena comida

En un laberinto de túneles, en lo más profundo de un nido subterráneo, una colonia de hormigas de miel trabaja sin parar. Mientras que otros insectos, como las abejas y las avispas, almacenan comida en sus nidos, este tipo de hormigas lo hacen en su propio cuerpo. ¿No es increíble?

Las hormigas recolectoras de la colonia buscan sin descanso savia y néctar de las plantas en la superficie durante el otoño. Cuando ya han reunido todo lo que pueden almacenar, vuelven al nido para suministrárselo a las hormigas «repletas», las obreras que lo guardan en su abdomen para el invierno. Cuando la comida escasea, regurgitan el néctar y de este modo se lo pasan al resto de hormigas de la colonia para que puedan sobrevivir.

Una recolectora busca savia durante muchos meses…

… y regresa cada día a la colonia para alimentar a su familia.

MESES *de* TRABAJO SIN AGUA

Hace rato que salió el sol y un pequeño grupo de hormigas obreras están buscando su desayuno. Marchan en fila por la tierra árida en dirección a un cactus.

Sin embargo, el trabajo de las hormigas obreras aún no ha terminado. Saldrán de nuevo para REPETIR el proceso hasta que el abdomen de las hormigas repletas esté lleno e hinchado, y tengan un color dorado, como el de la miel.

Después de muchos meses de COSECHA, el clima es frío y los alimentos empiezan a escasear. Pero las hormigas de miel saben que tienen suficientes recursos para sobrevivir al invierno.

Al fin todo su trabajo cobra sentido. Las hormigas repletas REGURGITAN sus reservas para que el resto de miembros del hormiguero puedan disfrutar de la dulce cosecha.

La hormiga REPLETA permanece quieta hasta que otra hormiga hambrienta le pida alimento frotando sus ANTENAS. Entonces, responde abriendo la boca y regurgitando la comida. Este mecanismo se conoce como TROFALAXIS.

DURANTE EL INVIERNO

El oso grizzly espera la primavera

El invierno ha llegado al bosque, cubriendo sus grandes pinos y abetos con una gruesa capa de nieve. Bajo tierra, en su guarida, apenas visible a causa de las rocas y ramas de la entrada, un oso *grizzly* se prepara para la nueva estación.

Ha estado ocupado todo el año, acumulando reservas de grasa y recogiendo materiales del bosque para construir su cama. Ahora, se retira a su guarida. Estará en un estado de letargo, hibernando, hasta siete meses, durante los cuales no necesitará agua ni comida.

Mientras esperamos pacientemente a que la naturaleza se descongele y sea de nuevo primavera, el oso estará dormido...

Llega el invierno.

¡La primavera ya está aquí!

EL SUEÑO EN INVIERNO

Hoy hace más frío que de costumbre de camino a casa. Las hojas caídas de los árboles han desaparecido para dar paso a la nieve del INVIERNO.

En lo alto de la ladera de la montaña, un oso *grizzly* ve cómo se avecina la primera gran tormenta de nieve de la temporada; sabe que es hora de retirarse. Ha construido un hogar para pasar el invierno en un pequeño claro de las profundidades del bosque.

Cuelgan carámbanos de las cercas y el aroma a castañas asadas invade el camino. No ves la hora de llegar a casa. Mientras tanto, el oso *grizzly* sigue durmiendo en la OSERA. Sus reservas de grasa lo mantienen bien alimentado; y su grueso pelaje, calentito.

La nieve se derrite con el paso de los meses. Todo sigue igual en la guarida, donde reina el silencio. Sin embargo, los pájaros ya se han puesto manos a la obra en el valle.
Entre la primavera y el invierno, los OSOS GRIZZLY pasan el tiempo comiendo, descansando y apareándose. Aprovechan que el clima es más cálido para reunir la comida y acumular las reservas de grasa que les permitirán sobrevivir al invierno.
Las plantas silvestres ya han florecido entre la hierba, y en lo alto de las montañas, aún nevadas, el oso al fin se despierta...
Somnoliento, sale de su guarida y se gira para contemplar el sol de la PRIMAVERA. Entonces, bosteza y da una bocanada de aire primaveral antes de aventurarse a caminar lentamente sobre la nieve medio derretida.

EN NUEVE MESES

Nace un bebé

Todos los seres vivos del planeta nacen y se reproducen. Algunas formas de vida se reproducen por sí solas, pero los humanos y la mayoría de animales necesitan la unión de dos seres para venir al mundo.

En el caso de los humanos, el ciclo de la vida comienza cuando el óvulo de la madre y el espermatozoide del padre se unen para formar una nueva célula. En el transcurso de nueve meses, la nueva célula (llamada cigoto) se dividirá en el útero de la madre y se transformará en embrión. Más tarde, pasará a convertirse en feto y así seguirá cambiando de forma y desarrollándose hasta que el bebé esté completamente formado y preparado para salir al mundo.

De embrión...

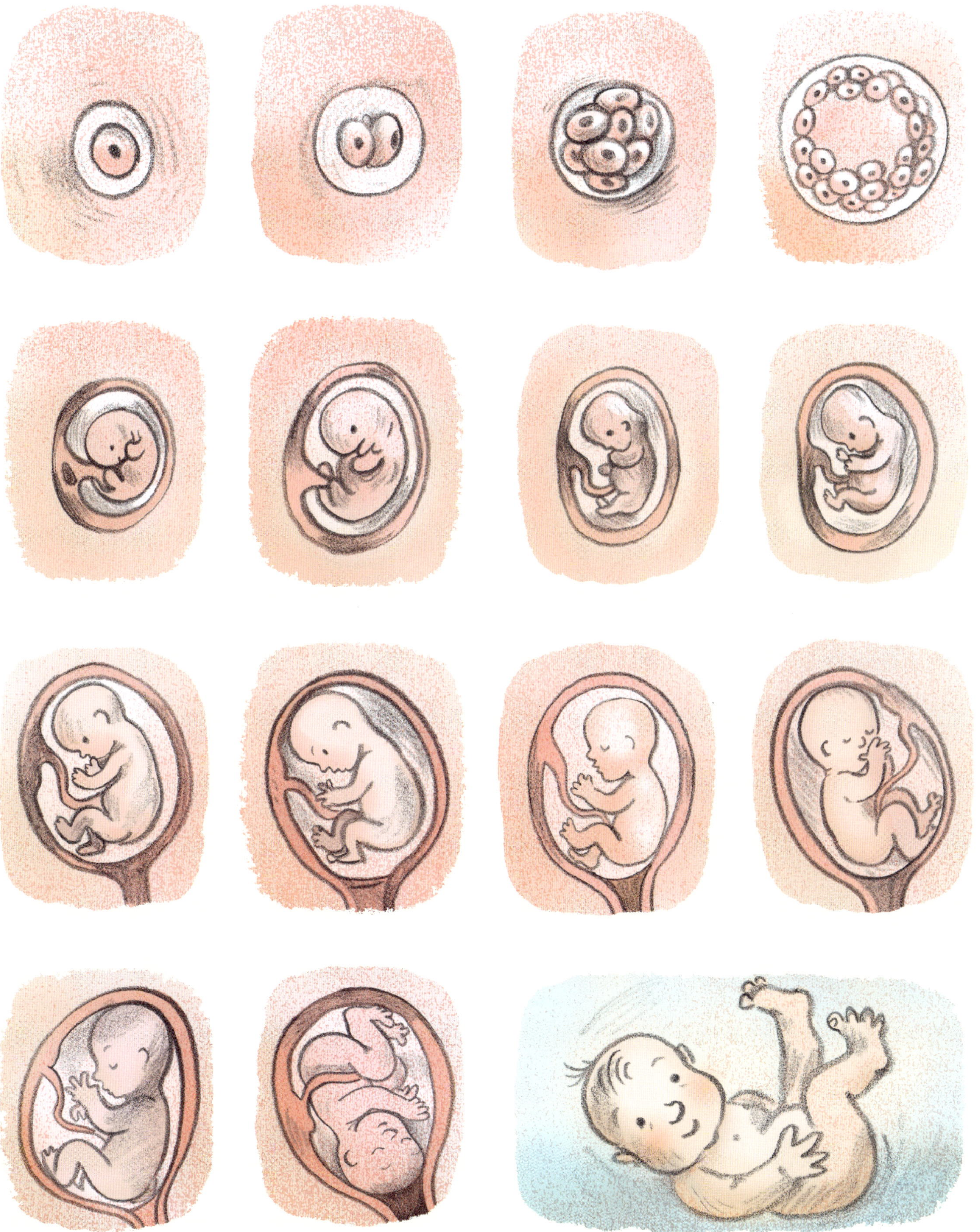

... ¡a bebé!

DE EMBRIÓN *a* BEBÉ

Un ESPERMATOZOIDE (célula reproductora masculina) fecunda un ÓVULO (célula reproductora femenina). De esta unión nace un embrión que crecerá hasta convertirse en un feto, y luego, en un bebé. ¡Así comienza el viaje de la vida!

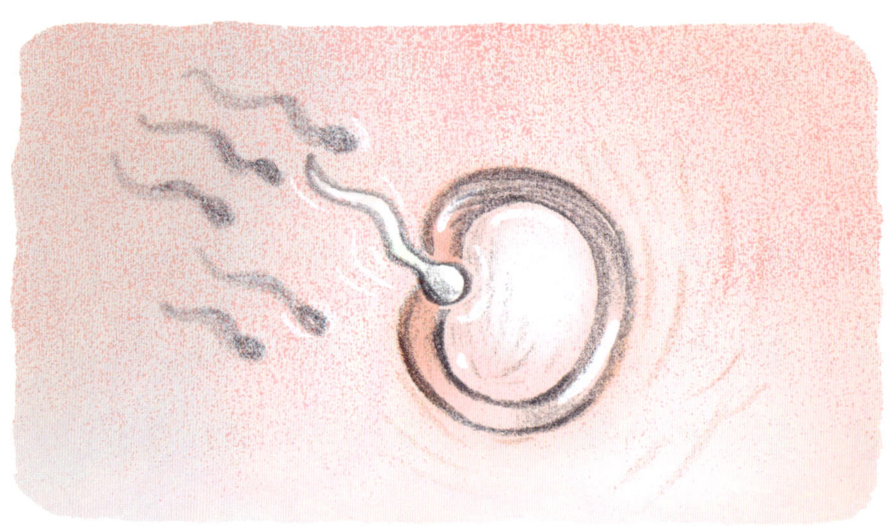

El embrión queda protegido por una BOLSA DE AGUA y comienza a formarse la PLACENTA. Esta es como un salvavidas: conecta al bebé con su madre y le proporciona todo el oxígeno y los nutrientes que necesita para crecer.

Cuando el óvulo y el espermatozoide se unen, generan una célula llamada CIGOTO. La etapa del cigoto es corta, dura unos cuatro días, y a partir de este momento las células se dividen y se reproducen una y otra vez.

Al principio, un bebé es tan pequeño como un renacuajo, pero pronto su cuerpo comienza a DESARROLLARSE y se forman las diferentes partes del mismo: el corazón, los pulmones, los dedos de manos y pies; también aparecen los ojos y los oídos. Unas semanas más tarde, ¡alcanza el tamaño de una lima!

Al cuarto mes, el bebé puede moverse y patear. Ya se siente su presencia. Le crecen las uñas y el pelo y tiene un sistema nervioso que está empezando a funcionar; cabello que protege su cabeza y una capa de textura grasa y color blanco llamada UNTO SEBÁCEO que protege su delicada piel.

¡Ahora puede oír la voz de su madre a través de las paredes del útero! Ya queda menos.

Después de 26 semanas, tiene el tamaño de una coliflor. Sus pulmones se están fortaleciendo y sus extremidades cada vez son más grandes. El cuerpo de su madre lo prepara para el NACIMIENTO trabajando muy duro.

Cuando ya han pasado 40 semanas, el bebé se posiciona con la cabeza hacia abajo en el útero, preparándose para NACER.

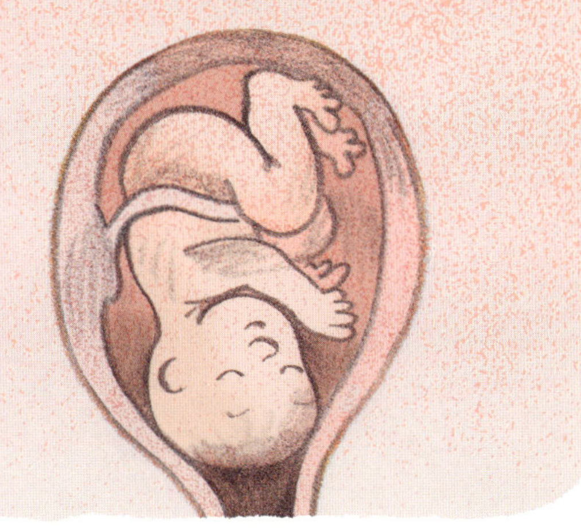

¡Bienvenido al mundo, bebé!

EN UN AÑO

Un manzano produce fruta

Los manzanos no dejan de crecer y desarrollarse constantemente, igual que nosotros. Una manzana necesita las cuatro estaciones de un año para convertirse de semilla en fruta.

El manzano produce más o menos cantidad de fruta dependiendo del año. Para florecer, necesita mucho sol, un poco de sombra y un suelo húmedo y bien drenado. Sabe exactamente qué hacer en cada una de las estaciones y cómo adaptarse al clima para poder repetir el ciclo una y otra vez.

El año comienza...

... y termina, ¿preparado para volver a empezar?

UN AÑO *en la* VIDA *de* UN MANZANO

En pleno INVIERNO, el manzano conserva su energía para absorber los nutrientes del suelo. Los brotes de las ramas están cubiertos de una ligera pelusa que los protege del frío.

El clima poco a poco se vuelve más cálido y comienzan a brotar hojas y flores del manzano, lo que indica la llegada de la PRIMAVERA. Esta estación es clave para la polinización, un proceso mediante el cual las abejas y otros insectos se alimentan del néctar de las flores de los árboles y se cubren de polen amarillo antes de volar a otro árbol para seguir alimentándose.

Cuando se acerca el fin de la primavera, las flores empiezan a caer y, en su lugar, vuelven a aparecer brotes en los árboles, esta vez de fruta.

Con la llegada del VERANO, el árbol se llena de manzanas verdes, que crecen y maduran bajo los rayos del sol conforme pasan los días.

Sus hojas van cambiando de color a medida que el OTOÑO se abre paso. El manzano tiene una última tarea en su lista: ayudar a los frutos a convertir el almidón en azúcar, para que maduren y tengan un sabor delicioso. ¡Las manzanas se recolectarán antes de que caigan las últimas hojas!

La mayoría de los manzanos crecen lentamente y no producen FRUTOS hasta el tercer o cuarto año de vida.

EN VEINTICINCO AÑOS

Se empieza a formar un arrecife de coral

Muy por debajo de la superficie, en las profundidades de las aguas tropicales, se encuentra un reino submarino mágico; un ecosistema único lleno de vida y color. ¡Bienvenido al maravilloso mundo de un arrecife de coral duro!

Aunque el coral duro puede parecer una roca, en realidad está formado por una colonia de cientos de miles de pólipos de coral vivos: pequeños animales marinos con tentáculos, boca, estómago y sistema nervioso. Un solo pólipo de coral crece y madura durante veinticinco años, y puede llegar a vivir cientos o incluso miles de años si se protege y preserva su hábitat natural.

De un solo pólipo...

... a una gran colonia de coral.

VEINTICINCO AÑOS *de* CAMBIOS

Un arrecife de coral se inicia con el brote de los primeros pólipos, que empiezan a formar más pólipos y a crear lentamente lo que llamamos un arrecife o una colonia de coral. Son necesarios unos veinticinco años, es decir, un cuarto de siglo, para que se produzca esta transformación.

En el fondo de las aguas poco profundas, los corales liberan pequeños gametos (células reproductivas), que ascienden hasta la superficie del océano donde se quedan flotando.

Una vez fecundadas, estas pequeñas larvas descienden hasta el fondo del mar. A veces se posan sobre una roca, donde echan raíces y crecerán como pólipos de coral.

Cuando a los pólipos de coral jóvenes les han crecido bocas y tentáculos, producen una sustancia rocosa parecida a la tiza llamada carbonato de calcio, que forma un esqueleto duro y protector alrededor de sus cuerpos blandos. Los pólipos de coral duro se agrupan entonces en «colonias».

Los esqueletos de coral son blancos, como los huesos, y sus colores se deben a algas microscópicas que viven en las células del coral. Estas algas contienen un pigmento llamado clorofila, que transforma el arrecife en un rico arcoíris de rosas, rojos, verdes y marrones.

Durante décadas, los pólipos de coral crecen y florecen ¡formando nuevos brotes! Como las ramas de un árbol, el coral se extiende en todas las direcciones. Capas y capas de nuevos pólipos de coral echan raíces, hasta que se forma el arrecife de coral.

Esta historia trata sobre los CORALES DUROS, aunque en las aguas tropicales también hay CORALES BLANDOS. Su estructura es gelatinosa y carnosa y se dobla y ondula con el movimiento del agua.

EN TREINTA AÑOS

Florece un agave

En medio del cálido y árido desierto de México, hay una planta que tiene décadas de vida. Antes de llegar al fin de sus días, nos quiere dar una sorpresa...

Las puntiagudas y espinosas hojas de esta suculenta han ido creciendo durante treinta años. Y ahora, la planta utilizará la energía que le queda para emitir un tallo muy largo, coronado con florecitas amarillas. ¡Es espectacular! El agave florece una sola vez, y justo después, las hojas de la base se marchitan y se mueren. ¡Pero no es el final! Una nueva generación de agaves está lista para comenzar un nuevo ciclo.

Lo que empieza siendo un pequeño capullo...

... ¡acaba por convertirse en una planta imponente!

TREINTA AÑOS PARA LA FLORACIÓN

Esta gigante del mundo vegetal florece solo una vez a los treinta años aproximadamente. Comienza su vida siendo una pequeña semilla...

Cuando es una joven plántula, se parece a cualquier otra planta del desierto. Sus hojas tienen espinas en los bordes, ¡y es tan pequeña que puedes sostenerla entre tus manos!

El agave es originario de México y crece en regiones cálidas de todo el mundo. Pero, ¡cuidado!, en algunos países, por ejemplo en España, está considerada especie invasora y su plantación no está permitida.

Va creciendo con el paso de los años. Sus hojas también serán cada vez más grandes; y sus espinas más puntiagudas.

Al cabo de 30 años, del centro de sus hojas brota un único tallo. ¡Por fin está lista para florecer! Ha necesitado toda la energía que le quedaba para dar lugar a este espectáculo de la naturaleza.

Al morir las flores, también lo hace la planta, pero sus semillas volverán a iniciar el ciclo una vez más.

Su tallo lo coronan alegres flores amarillas. Son tan bonitas y llamativas que acaparan todo el protagonismo.

Las hojas del AGAVE producen fibras que se utilizan para fabricar cuerdas, redes y cestas. De ellas también se obtiene un edulcorante llamado SIROPE DE AGAVE.

EN SESENTA AÑOS

Una parcela de la selva vuelve a crecer

Unas plumas naranjas despuntan en el horizonte, y se oye un graznido. A lo lejos, una larga y peluda cola desaparece entre las copas de los árboles, sacudiendo las hojas de las ramas a su paso. No hay otro lugar en el mundo con tanta diversidad de vida silvestre como la selva tropical.

Tiene una resiliencia inigualable. Un área de selva se regenera en unos sesenta años por sí sola, y en poco más de un siglo se recupera por completo. Es un gran ejemplo del poder que tiene la naturaleza para superar cualquier obstáculo. Sin embargo, está bajo la constante amenaza de los incendios, la deforestación y el cambio climático.

El fuego ha arrasado la selva tropical...

... pero volverá a crecer y florecer por sí sola, sin ayuda.

SESENTA AÑOS *de* CRECIMIENTO...

Tras un feroz incendio forestal, parte de la SELVA TROPICAL ha quedado devastada. En este hábitat salvaje, el suelo está compuesto por plantas y organismos vivos en descomposición, además de carbono y minerales. Es la base perfecta para crear una nueva vida.

Han pasado VEINTICINCO AÑOS y una alfombra verde se ha desplegado en el suelo del bosque. Hay nuevos árboles que han echado raíces, e insectos que se mueven entre ellos.

Entre la vegetación destaca un brote más alto que el resto: ¡es un capoquero! Tiene un tronco largo y espinoso y unas hojas puntiagudas con la forma de una mano.

Ya han pasado CUARENTA AÑOS desde el fuego. El suelo del bosque es oscuro y húmedo, y está cubierto de hongos y helechos. Los pájaros vuelan entre las copas de los árboles y una mona araña trepa por las ramas del capoquero, que ahora es mucho más alto y tiene flores de color rosa. Una serpiente se desliza tronco abajo y desaparece por una rendija entre las raíces.

Las selvas tropicales ocupan el 6 % de la SUPERFICIE TERRESTRE. La mayor selva del mundo es la Amazonia, en América del Sur. ¡Se estima que tiene casi 400 000 MILLONES de árboles!

Hace SESENTA AÑOS que ocurrió el incendio. Los árboles son tan frondosos que apenas dejan ver el cielo. Las mariposas van trazando un recorrido de colores al volar de hoja en hoja, y una fila de hormigas se cruza en tu camino. El calor y las intensas lluvias han ayudado mucho a la restauración de este ecosistema.

EN SETENTA AÑOS

Un elefante africano envejece

Un estridente sonido, parecido al de una trompeta, anuncia el nacimiento de un precioso bebé de elefante. Apenas veinte minutos más tarde, esta cría del animal terrestre más grande del mundo dará sus primeros pasos. Le esperan muchos más en la larga vida que tiene por delante.

Los elefantes tienen una gran memoria, son capaces de recordar hasta siete décadas de momentos. Esto les resulta muy útil durante la estación seca, ya que los más ancianos de la manada recuerdan en qué punto exacto de las vastas praderas de la sabana se encuentran el agua y la comida.

Un bebé recién nacido...

... se convierte en un sabio elefante.

EL CICLO DE VIDA DE UN ELEFANTE

La PEQUEÑA ELEFANTA está dando sus primeros pasos sobre la hierba seca, y... ¡Ups! Se ha caído, pero con el impulso de sus patas delanteras y gracias a la ayuda de la fuerte trompa de mamá, no tarda mucho en levantarse.

Al principio, permanece cerca de su madre, enrolla la trompa alrededor de sus piernas para estar más cómoda y copia cada uno de sus movimientos.

Han pasado DIEZ AÑOS. La elefanta está jugando en la charca, agitando su trompa de un lado a otro en las aguas fangosas para refrescarse bajo el abrasador sol africano.

A los QUINCE AÑOS ya es adulta y tiene su propia cría que se agarra a su cola con la trompa, tal y como se agarraba ella a la de su madre. No ha llovido en semanas, por lo tanto la manada se ha vuelto a poner en marcha. Sigue su camino durante muchos días hasta encontrar agua.

Nuestra elefanta tiene ahora SETENTA AÑOS y las arrugas de su piel están más marcadas que nunca. Se abanica con sus enormes orejas para mantenerse fresca hasta quedarse dormida a la sombra de una acacia. Pasará allí muchos veranos más, descansando después de toda una vida vagando por la sabana.

Hay tres especies de elefante: el AFRICANO DE BOSQUE, el AFRICANO DE SABANA y el ASIÁTICO. ¡Los elefantes africanos tienen orejas mucho más grandes que sus primos asiáticos!

UNOS OCHENTA AÑOS

Duración de la vida de un ser humano

La mayoría de las personas viven entre setenta y ochenta años, aunque millones de ellas tienen la suerte de vivir aún más tiempo. La vida de un ser humano tiene muchos episodios. Cuesta imaginar todo lo que puede ocurrir desde el momento en que nace un bebé.

A medida que crecemos, nuestros cuerpos y mentes evolucionan cada año. Y si bien cada vida es única, todos esperamos poder tener una vida sana y feliz.

Pueden ocurrir muchas cosas a lo largo de una vida.

EL VIAJE *de la* VIDA

Bum-bum, bum-bum... en el vientre de esta mujer, se escuchan los latidos de una nueva vida. ¡En tan solo nueve meses, otro bebé vendrá al mundo, con sus ojos curiosos y piernecitas inquietas!

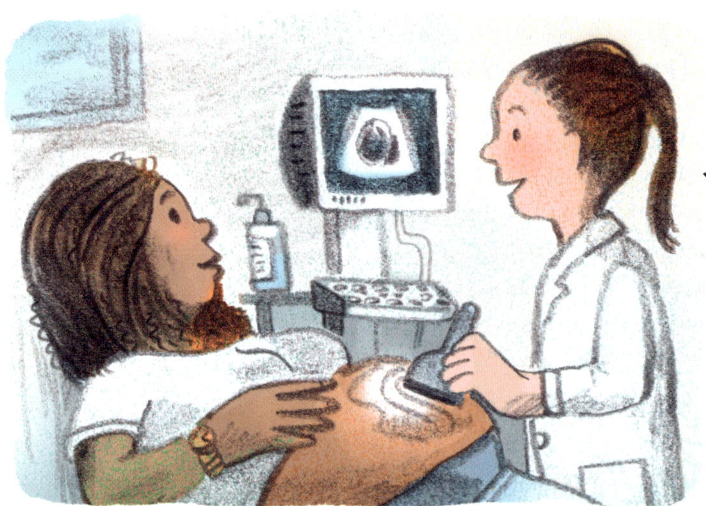

Al poco de nacer, los humanos ya somos capaces de gatear, tambalearnos y levantarnos si nos caemos. Los primeros años de vida están llenos de lágrimas, risas y aprendizajes.

¡Es hora de jugar!

Nuestros brazos y piernas se fortalecen, ¡lo que nos permite emprender nuevas y emocionantes aventuras!

Vamos creciendo y nuestros amigos nos apoyan y nos motivan... pasan a ser familia.

Gracias al poder de la biología, nuestros cuerpos experimentan cambios sorprendentes cada día. Las HORMONAS llevan las riendas de nuestro desarrollo mientras nos preparamos para enfrentarnos al mundo con nuestras propias ideas.

Al acercarnos a la ADULTEZ, nos hacemos más independientes. Asumimos nuevas responsabilidades y empezamos a construir nuestro lugar en el mundo.

Más tarde llegará el momento de pensar en quiénes nos hemos convertido y todo lo que hemos logrado. Nuestra familia, amigos y vivencias nos ayudarán a tener una vida llena de altibajos y mucho amor.

Ahora nuestros párpados estarán arrugados, pero nuestra mirada estará llena de sabiduría.

Si llegas a los ochenta años, ¡verás unas 29 000 puestas de sol a lo largo de tu VIDA!

Llegará el día en que tus huesos cambien e incluso puedas oír cómo crujen. Parecerás más pequeño, pero tu corazón y tu alma serán más grandes que nunca.

EN MÁS DE CIEN AÑOS

Una tortuga gigante de las islas Galápagos completa su ciclo vital

La naturaleza nunca se detiene. Los corazones laten, la luz viaja desde el Sol, la Luna sale y se pone, los pájaros cazan presas y ponen huevos, los corales se transforman en impresionantes arrecifes, las selvas tropicales se regeneran, los bebés nacen, los elefantes envejecen... ¡y nosotros también! Cada uno de estos mágicos momentos de la naturaleza tienen lugar en el ciclo de vida de un animal muy especial: la tortuga gigante de las islas Galápagos.

Piensa en las fascinantes historias que has leído, en los seres vivos que las protagonizan y que has tenido la suerte de conocer en este libro. Ahora que estamos llegando a su fin, es el momento perfecto conocer al animal más longevo de todos...

Una tortuga recién nacida...

... ¡puede llegar a vivir un siglo!

UNA VIDA LARGUÍSIMA

Sobre la arena de un claro de las islas Galápagos, escondido detrás de unos árboles, hay un nido. Dieciséis HUEVOS blancos yacen debajo del suelo, calientes y seguros.

Uno de ellos se está empezando a romper... Unos pequeños ojos brillantes se asoman por la grieta del cascarón. Una cría de tortuga gigante de las islas Galápagos acaba de venir al mundo.

Después de tan solo UN MES, deja atrás el nido y a sus hermanos.

Transcurridos DIEZ AÑOS, la tortuga se desplaza lentamente por los bosques de la isla, pastando y descansando a su antojo. Estira su largo cuello y tira de una enredadera verde con sus fuertes mandíbulas. *¡Ñam, ñam!*

Con VEINTICINCO AÑOS mide 1,2 metros de largo y ha terminado de crecer. Ya está preparada para tener crías.

Es temporada de apareamiento. Se traslada a terrenos más elevados en busca de comida... ¡y de una pareja!

Cuando regresa a zonas más bajas, busca un lugar seguro para poner sus huevos. Pasa días cavando con sus patas traseras para hacer un nido.

Una vez que ha puesto sus huevos, los cubre con barro y hojas para sellarlos. De este modo, las crías estarán a salvo hasta que los huevos eclosionen...

Regresará allí cada vez que tenga que poner huevos.

La tortuga se mueve cada vez más lentamente y duerme muchas horas al día. Con 100 AÑOS, pertenece a una de las especies de animales vertebrados con una esperanza de vida más larga.

Las tortugas salvajes de las islas Galápagos pueden vivir hasta 150 AÑOS y las cautivas viven aún más tiempo. ¡Una hembra llamada Harriet llegó a vivir 176 años!

ÍNDICE

Para mi amor, Erik,
que sabe como esperar - RW

Para la encantadora Joy, que tenía
tiempo para todo el mundo – LL

De la edición en español:

Coordinación editorial Lakshmi Asensio
Composición y maquetación Sara García Pérez
Traducción Marina Alcione
Corrección Miquel Arderiu
Dirección editorial Elsa Vicente

Publicado por Dorling Kindersley Limited
DK, One Embassy Gardens,
8 Viaduct Gardens, SW11 7BW
Londres, Reino Unido

Parte de Penguin Random House

Título original: *Patience*

Texto de Rachel Williams
Ilustraciones de Leonie Lord

Primera edición: 2025

ISBN 978-0-5939-6161-2

Impreso y encuadernado en China

www.dkespañol.com